www.kidkiddos.com
Copyright©2014 by S. A. Publishing ©2017 by KidKiddos Books Ltd.
support@kidkiddos.com

All rights reserved. No part of this book may be reproduced in any form or by any electronic or mechanical means, including information storage and retrieval systems, without written permission from the publisher or author, except in the case of a reviewer, who may quote brief passages embodied in critical articles or in a review.
Third edition, 2025

Traducción al inglés de Laura Bastons Compta
Translated from English by Laura Bastons Compta

Library and Archives Canada Cataloguing in Publication Data
I love to share (Spanish Bilingual Edition) / Shelley Admont
ISBN: 978-1-5259-1506-2 paperback
ISBN: 978-1-83416-185-3 hardcover
ISBN: 978-1-77268-043-0 eBook

Please note that the Spanish and English versions of the story have been written to be as close as possible. However, in some cases they differ in order to accommodate nuances and fluidity of each language.

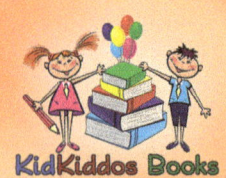

For those I love the most–S.A.
Para aquellos a los que más quiero – S.A.

"Look at how many new toys I have," said Jimmy the little bunny, looking around the room.

— *Mira cuantos nuevos juguetes tengo —dijo Jimmy, el pequeño conejito, mirando alrededor de la habitación.*

His birthday party was over and the room was full of presents.

Su fiesta de cumpleaños había terminado y la habitación estaba llena de regalos.

"Oh, your birthday party was so fun, Jimmy," his middle brother said.

—Oh, tu fiesta de cumpleaños ha sido muy divertida Jimmy —dijo su hermano mediano.

"Let's play," said his oldest brother. He took the largest box. "There's a huge train inside!"

—Vamos a jugar —dijo su hermano mayor, cogiendo la caja más grande—. ¡Aquí dentro hay un tren enorme!

Suddenly, Jimmy jumped to his feet and grabbed the box. "Don't touch it! It's my train!" he cried. "All these presents are **MINE!**"

De golpe, Jimmy se puso en pie de un salto y agarró la caja.
—¡No la toques, es mi tren! —gritó—. ¡Todos estos regalos son MÍOS!

"But, Jimmy," said the oldest brother, "we always play together. What happened to you today?"

—Pero Jimmy, siempre jugamos juntos —dijo el hermano mayor—. ¿Qué te pasa hoy?

"Today is MY birthday. And these are MY toys," Jimmy screamed.

—Hoy es MI cumpleaños y estos son MIS juguetes —gritó Jimmy.

The oldest brother glanced out the window. "We better go play basketball," he said. "It's nice and sunny today."
—Mejor vamos a jugar baloncesto —dijo el hermano mayor, echando un vistazo al exterior—. Hoy el tiempo está muy bien y soleado.

The two bunny brothers took a ball and went outside. Jimmy stayed in the room on his own.

Los dos hermanos conejitos cogieron el balón y salieron de la casa. Jimmy se quedó solo en la habitación.

"Yeah!" he exclaimed. "Now all the toys are for me!"

—¡Sí!— exclamó —¡Ahora todos los juguetes son para mí!

He took a large box and opened it happily. Inside he found a rail trail and a new colorful train. He just needed to put the rail trail together.

Cogió la caja más grande y la abrió feliz. Dentro, encontró un circuito de vías y un tren de colores. Sólo necesitaba montar las vías y el tren.

"Oh, these pieces are too small!" he said, holding the rail trail parts. "How should I connect them together?"

—*¡Oh, estas piezas son muy pequeñas! —dijo sujetando las partes del circuito de vías—. ¿Cómo puedo ponerlas juntas?*

Somehow he built the rail line, but it came out crooked. When he finally turned on his new colorful train, it got stuck on the track.

De alguna manera construyó una vía, pero salió torcida. Cuando, por fin, conectó su nuevo tren de colores, éste se quedó atascado en la vía.

Jimmy looked around and spotted another box.

Jimmy miró alrededor y vio otra caja.

"No worries. I have more new toys," he said and took another present. Inside there were superhero toys.

—*No me voy a preocupar. Tengo más juguetes nuevos —dijo abriendo otro regalo que contenía muñecos de superhéroes.*

"Wow!" exclaimed Jimmy. He started to run around the room with new superhero toys in his hands.

—*¡Guau! —exclamó Jimmy, mientras corría alrededor de la habitación con sus nuevos muñecos de superhéroes en las manos.*

Soon he became tired and bored. He tried everything. He played with his favorite teddy bear and he even opened all his presents, but it was not fun at all.

Pronto se aburrió y se cansó. Lo probó todo. Jugó con su oso de peluche preferido y hasta abrió todos sus regalos, pero aquello no era divertido.

Jimmy watched through the window and saw his brothers playing cheerfully with their basketball. The sun was shining brightly, and they were laughing and enjoying themselves.

Entonces, miró por la ventana y vio a sus hermanos jugando alegremente baloncesto. El sol brillaba y se lo estaban pasando en grande.

"How are they having so much fun? They only have one basketball!" said Jimmy. "All the other toys are here with me."

—¿Cómo se lo pueden estar pasando tan bien si sólo tienen un balón? —se preguntó Jimmy—. El resto de los juguetes están aquí conmigo.

Then he heard a strange voice.

A continuación, escuchó una voz extraña.

"They SHARE," it said.

—Comparten —dijo la voz.

Jimmy looked around the room, staring at his bed where his teddy bear sat. The voice came from there.

Jimmy miró a su alrededor, clavando los ojos sobre su cama donde su oso de peluche estaba sentado. La voz venía de allí.

"What?" he whispered.
—¿Qué? —preguntó Jimmy en un susurro.

"They share," repeated his teddy bear with a smile.
—Digo que ellos comparten —repitió su oso de peluche con una sonrisa.

Jimmy looked at him amazed. He never thought that sharing could be fun.

Jimmy le miró sorprendido. Nunca había pensado que compartir podría ser divertido.

Jimmy shook his head. "No…I don't like to share. I love my toys."

Jimmy agitó su cabeza. — No…no me gusta compartir. Me encantan mis juguetes.

"Try it," insisted his teddy bear. "Just try it."

—Pruébalo —insistió su oso de peluche—. Tan sólo pruébalo.

Meanwhile the weather changed. Dark clouds covered the sky and large raindrops started falling to the ground.

Mientras tanto, el tiempo cambió. Nubes oscuras cubrieron el cielo y grandes gotas de lluvia empezaron a caer.

Laughing, the two bunny brothers ran into the house.

Riendo, los dos hermanos conejitos entraron corrieron en la casa.

"Oh, you're all wet," said Mom. "Go change your clothes and I'll make you hot chocolate."

—Oh, están muy mojados —dijo mamá—. Vayan a cambiarse de ropa y les prepararé un chocolate caliente.

"Come, Jimmy, do you want hot chocolate too?" she asked. Jimmy nodded.

—Jimmy, ¿quieres chocolate caliente también? —preguntó su madre.
Jimmy asintió.

Mom opened the fridge to grab the milk. "Look, there's a small piece of your birthday cake left," she said.

La mamá abrió la nevera para coger la leche.
—Mira, queda un pequeño trozo de pastel de tu cumpleaños —anunció su madre.

Jimmy jumped to his feet. "Yeah, can I have it? It was so tasty!"

Jimmy se puso de pie.
—¿Sí?, ¿puedo comérmelo? ¡Estaba muy bueno!

At that moment, his brothers entered the kitchen.
En aquel momento, sus hermanos entraron en la cocina.

"Did you say cake?" asked the middle brother.
—¿Has dicho pastel? —preguntó su hermano mediano.

"I'd like a piece," added the oldest brother.
—Me gustaría un trocito —añadió su hermano mayor.

Their father followed them. "Is this a…birthday cake?"
Su padre les siguió.
—¿Eso es un…pastel de cumpleaños?

Mom smiled softly. "Ahh…there is actually a tiny little piece left. And there are five of us."
La mamá sonrió tiernamente.
—Ahh… de hecho sólo queda un minúsculo trozo de pastel y somos cinco.

Jimmy looked at his loving family and felt a warm feeling spread from his heart. He knew what he needed to do and it felt so good.

Jimmy miró a su amada familia y sintió como una agradable sensación se extendía por todo su cuerpo desde su corazón. Sabía qué tenía que hacer y se sintió muy bien.

"We can share," he said. "Let's cut it into five pieces."

—*Podemos compartir —dijo—. Vamos a dividirlo en cinco trozos.*

All the members of the bunny family nodded their heads. Then they sat around the table and everyone enjoyed a piece of birthday cake and a hot chocolate.

Todos los miembros de la familia de conejos asintieron con sus cabezas. Después, se sentaron alrededor de la mesa y cada uno disfrutó de su trocito de pastel de cumpleaños y del chocolate caliente.

Jimmy glanced at their smiling faces and thought, *Sharing can actually feel very nice after all.*

Jimmy miró sus sonrientes caras y pensó: "compartir puede hacerte sentir muy bien después de todo."

When they finished, Mom came to Jimmy and gave him a huge hug. "Happy birthday, honey," she said.

Cuando terminaron, mamá se dirigió a Jimmy y le dio un enorme abrazo.
—Feliz cumpleaños cariño —dijo ella.

The two older brothers and their dad gathered around them and shared the family hug.

Los dos hermanos mayores y su padre se acercaron y compartieron un abrazo familiar.

"Happy birthday, Jimmy," they screamed together.

—Feliz cumpleaños, Jimmy —gritaron todos juntos.

Jimmy smiled. "Do you want to play with my toys?" he asked his brothers. "I have a new train and new superheroes."

Jimmy sonrió.
—¿Quieren ir a jugar con mis juguetes?
—preguntó a sus hermanos—. Tengo un nuevo tren y nuevos superhéroes.

"Yeah! Let's play!" shouted the bunny brothers.

—*¡Sí, vamos a jugar! —gritaron los hermanos conejitos.*

Together Jimmy and his brothers built a perfect rail trail. The train whistled and ran fast around the track.

Juntos, Jimmy y sus hermanos construyeron una vía de tren perfecta. El tren silbó y corrió rápido sobre los rieles.

Then they opened the presents and played with all their toys.

Los hermanos abrieron los regalos y jugaron con todos sus juguetes.

From then on, Jimmy loved to share. He even said that sharing is fun!

¡Desde aquel día a Jimmy le encanta compartir e incluso afirma que compartir es divertido!

www.ingramcontent.com/pod-product-compliance
Lightning Source LLC
Chambersburg PA
CBHW041215240426
43661CB00012B/1056